CW01653800

Tous à vélo !

À René, Pierre et tous les bénévoles de la prévention.
M.

Pour grand frère Luka !
E. R.

www.flammarion-jeunesse.fr

Éditions Flammarion – 87, quai Panhard-et-Levassor – 75647 Paris Cedex 13
ISBN : 9782081511408 – N° d'édition : L.01EJEN001765.A003
Dépôt légal : avril 2020
Imprimé en Espagne par Liberdúplex – avril 2021
Loi n° 49-956 du 16 juillet 1949 sur les publications destinées à la jeunesse

Tous à vélo !

Texte de
Magdalena

Illustrations
d'Emmanuel Ristord

CASTOR POCHE

Basil
Réda
Samir
Léo
Selma
Alice
Lou
Fatou
Tim
Mia
Noé
Léa
Ana
Téo
Bob
Luc
Notre classe de CE1

Après l'histoire, tu trouveras des jeux et des activités page 34 !

Ce matin, les élèves arrivent à vélo.
Les filles ont des vélos roses, violets, prune et mauves.

« Tous vos vélos font un beau camaïeu ! dit Maître Luc.
– Un camaquoi ? demande Lou.
– Un camaïeu, répond Maître Luc.
Cela veut dire un dégradé de couleurs. »

Les garçons se sont installés
dans un coin de la cour.
Ils se montrent leurs vélos.

Bob dit à Réda :
« C'était la bicyclette de ton grand-père
ou quoi ?
– Non, celle de mon père quand il était petit,
répond Réda gêné.
– J'y crois pas, elle est d'enfer ! »
dit Bob en montant dessus.

Samir se tient un peu à l'écart
car il n'a pas de vélo.

Basil frime sur son VTT flambant neuf.
Il fait une roue arrière pour épater les filles,
mais il manque de tomber.

Maître Luc demande :
« Est-ce que tout le monde a son vélo ?
– Non ! Samir, Léo, Mia et Alice n'en ont pas !
crie Basil.
– Ce n'est pas grave. René et Pierre,
les bénévoles de la sécurité routière,
passent la matinée avec nous.
Ils vous prêteront des vélos.
D'ailleurs, regardez, ils arrivent. »

Une voiture se gare devant l'école.
Elle tire une remorque chargée de vélos.
Maître Luc, René et Pierre transportent le matériel dans la cour.
Il y a des panneaux de signalisation, des plots, des feux tricolores, des cerceaux…

« Tiens, la dame de la police est avec eux. Je la connais, c'est ma voisine ! dit Fatou en courant l'embrasser.
– Qu'est-ce que vous faites là ? C'est pour nous mettre des amendes ? demande Mia inquiète.
– Mais non, dit la dame en riant, je viens aider René et Pierre. »

Pendant que René et la dame installent le matériel, pour faire une piste routière, Maître Luc et Pierre inspectent les vélos. Ils regardent les freins.

« Hum ! Il est super-beau, ton vieux vélo, Réda, dit Maître Luc, mais un peu dangereux : tes freins ne freinent plus ! »

CÉDEZ LE PASSAGE

Pierre regarde les pneus des vélos
de Léa et Ana.
Il prend une pompe à vélo et dit :
« Je vais vous apprendre à regonfler
les pneus, car les vôtres sont à plat. »

Maître Luc vérifie la hauteur des selles
et des guidons.
« Oh ! là là ! mon pauvre Noé,
tes genoux doivent toucher le guidon
quand tu pédales. Je vais arranger cela. »

La piste routière est enfin installée.

René vérifie le réglage des casques.
« Le casque ne doit pas bouger »,
explique-t-il.
Et il resserre un peu le casque de Fatou.

« Ouf ! » dit Fatou quand René a fini.
Et pour blaguer, elle ajoute à l'oreille
de Samir :
« Je croyais qu'il allait m'étrangler ! »

Mais Samir ne rigole pas.
« Ben, tu en fais une tête, c'était pour rire,
lui dit Fatou.
– C'est pas ça, répond Samir.
– C'est quoi, alors ? demande Fatou.
– J'ai jamais fait de vélo,
je ne sais pas en faire...
répond Samir embarrassé.
– Ben mince », dit Fatou.
Et elle ajoute :
« Attends, je reviens ! »

Fatou parle à l'oreille de la dame.
La dame parle à l'oreille du maître.
Le maître parle à l'oreille de Bob.

Bob vient voir Samir.
« Il paraît que tu n'as pas fait de vélo
depuis si longtemps, que tu as oublié.
Je vais te réapprendre, si tu veux.
Et Fatou va m'aider.
– Euh, on peut faire comme si
je n'étais jamais monté sur un vélo ?
dit Samir.
– OK, on repart de zéro, alors ! »

Fatou, Bob et Samir s'isolent dans un coin.

Pierre rassemble ensuite les CE1.
« Vous devez connaître votre vélo, dit-il.
Je vais vous montrer des éléments,
et vous me direz ce que c'est. D'accord ?
– Oui, répondent les enfants.
– C'est quoi, ça ?
– Facile, la selle, dit Lou.
– Et ça ?
– Le guidon, dit Ana.
– Oui, avec les poignées. Plus dur, ceci ? »

Personne ne répond. Maître Luc souffle :
« Le dérailleur.
– Oui ! Regardez, il y en a deux.
Un avant et un arrière. Et là ?
– La roue, avec les rayons, dit Réda.
– Et on a oublié quoi ?
– Les pédales, dit Alice.
– Très bien. Allez zou, en selle les cyclistes ! »

René dit :
« Voyons déjà si vous tenez
en équilibre sur vos vélos.
Et si vous êtes capables de faire
du pédalage avant arrière sans tomber. »

Tous en ligne, à cheval sur les vélos,
les élèves s'appliquent.
« Ben, c'est pas si facile, dit Mia.
– Tu as raison, c'est dur dur », ajoute Fatou.

Lorsque tout le monde réussit, même Samir,
la dame de la police montre
et explique la signalisation :
les feux tricolores, le sens interdit,
le stop, le passage piéton…

Enfin, Maître Luc dit :
« Je crois que vous êtes prêts !
Vous allez apprendre à conduire votre vélo
dans un espace délimité,
en respectant le code de la route.
Pour commencer, vous allez vous déplacer
entre les plots, les uns derrière les autres,
sans doubler, et sans vous faire tomber.
Regardez, je vous montre. »

Maître Luc passe entre les plots,
tourne autour des cerceaux,
passe entre deux lignes tracées au sol.
Il fait un sans-faute.
Les élèves applaudissent.

« Moi, je suis cap de faire encore mieux,
dit Basil pour se vanter.
– Ben, on verra déjà si tu es cap
de faire pareil ! » lui dit Téo.

Toute la matinée, les vélos circulent
sur le parcours, s'arrêtent aux feux tricolores
et au stop, avancent, font demi-tour
et se croisent.
Et tout cela sans accident,
et sans que personne ne tombe de son vélo !
Même Samir réussit à faire un tour de piste.

STOP

« C’est fini ! dit Maître Luc.
Allez garer vos vélos sous le préau.
– Oh non, pas déjà ! » dit Samir déçu.

Ensuite, tout le monde range le matériel.
Pierre, René et la dame de la police
repartent en promettant de revenir
une prochaine fois pour un parcours
plus compliqué.

Je joue pour bien comprendre

1 **Trouve les 5 erreurs** dans ce résumé du livre.

Aujourd'hui, les élèves arrivent
à l'école avec leurs tricycles.
C'est une journée de sécurité routière.
René et Paul sont venus
avec une caravane
pour aider Maître Luc.
Ils installent une piste cyclable.
La dame de la gendarmerie
est aussi présente.
Tous font du vélo
et tous sont contents.

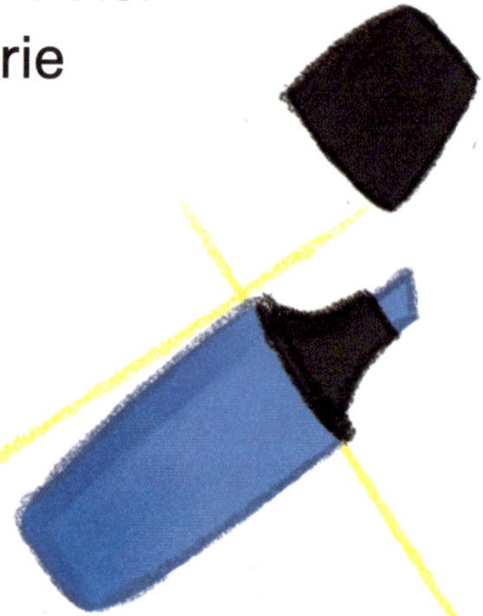

Réponse : tricycles = vélos ;
René et Paul = René et Pierre ;
caravane = remorque ;
piste cyclable = piste routière ; gendarmerie = police.

2 **Retrouve** les personnages et les objets présents dans cette histoire.

un pompier

des plots

un ballon de foot

un tracteur

un policier

une casquette

un vélo

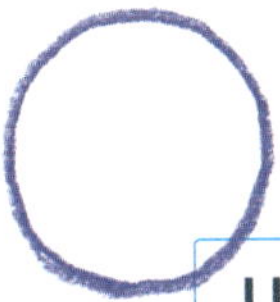

un cerceau

Réponse : des plots, un policier, un cerceau, un vélo.

Je joue avec le code de la route

1 **Relie** chaque panneau à la définition qui convient.

a. Cédez le passage à l'intersection
b. Sens interdit à tout véhicule
c. Accès interdit aux piétons
d. Endroit fréquenté par des enfants
e. Arrêt à l'intersection
f. Passage pour piétons

Réponse : 1-e ; 2-b ; 3-f ; 4-d ; 5-a ; 6-c.

2 **Complète** chaque phrase avec le mot qui convient.

indication	triangle	rouge

1. Les panneaux en forme de ...... entourés de rouge signalent un danger.

2. Les panneaux carrés entourés de bleu donnent une ....

3. Les panneaux ronds entourés de ...... signalent une obligation.

3 **Et toi ? Raconte...**

Fais-tu du vélo avec tes copains ou avec tes parents ?
Connais-tu les différents panneaux du code de la route que tu vois dans les rues ?
As-tu déjà participé à une journée de sécurité routière avec ta classe ?...

Réponse : 2) 1. triangle ; 2. indication ; 3. rouge.

Retrouve les histoires de **Je suis en CE1** pour t'accompagner tout au long de l'année dans la maîtrise de la lecture autonome.

Premier jour de classe

À la bibliothèque

La photo de classe

Une dent perdue

Opération jardinage

Allez les champions !

Au poney-club

Tous à vélo !

Billes, toupies et compagnie

T'es plus ma copine !

La gorge qui grattouille

Maître Luc est amoureux

Visite au musée

Téo a une petite sœur

Selma veut danser

Le voyage à Paris

Sortie à la patinoire

Quelles histoires as-tu déjà lues ?
Quelle est ta préférée ?
Lesquelles aimerais-tu lire ?

Découvre aussi

Les maths du CE1
3 titres parus

Je m'amuse
pour bien lire

Les nouveaux
copains

Si tu veux contacter l'auteure,
tu peux aller sur son blog :
www.magdalena-auteur.com